Marketing in der Fitnessökonomie. Preismanagement, Corporate Identity und Digitalisierung in der Fitness- und Gesundsheitsbranche

GRIN ☺

Bibliografische Information der Deutschen Nationalbibliothek:

Die Deutsche Nationalbibliothek verzeichnet diese Publikation in der Deutschen Nationalbibliografie; detaillierte bibliografische Daten sind im Internet über http://dnb.d-nb.de abrufbar.

ISBN: 9783346901132
Dieses Buch ist auch als E-Book erhältlich.

© GRIN Publishing GmbH
Trappentreustraße 1
80339 München

Druck und Bindung: Books on Demand GmbH, Norderstedt Germany
Gedruckt auf säurefreiem Papier aus verantwortungsvollen Quellen

Das Buch bei GRIN: https://www.grin.com/document/1368379

Deutsche Hochschule für
Prävention und Gesundheitsmanagement
Hermann Neuberger Sportschule 3
66123 Saarbrücken

Einsendeaufgabe

Fachmodul:	Marketing II
Studiengang:	Bachelor of Arts Fitnessökonomie

Inhaltsverzeichnis

1   Preismanagement und Kooperationen

1.1   Preiselastizität der Nachfrage

Folgende Formel definiert die Preiselastizität der Nachfrage:

$$\varepsilon = \frac{\text{Änderung der Menge in \%}}{\text{Änderung des Preises in \%}}$$

$$\Delta \, Menge = \frac{N(neu) - N(alt)}{N(alt)}$$

$$\Delta \, Preis = \frac{P(neu) - P(alt)}{P(alt)}$$

$$\Rightarrow \varepsilon = \frac{\dfrac{N(neu) - N(alt)}{N(alt)}}{\dfrac{P(neu) - P(alt)}{P(alt)}} = \frac{\dfrac{2400 - 2700}{2700}}{\dfrac{45,90€ - 40,90€}{40,90€}} = -0,91$$

Ist $\varepsilon < |1|$, dann ist die Nachfrage unelastisch und eine 1-prozentige Preisänderung hat eine weniger als 1-prozentige Mengenänderung zur Folge.

Dies ist hier gegeben: $\varepsilon < |{-0,91}|$

Deshalb ist eine Preiserhöhung möglich unter dieser Rechnung:

$$Alter \; Umsatz = 40,90€ \times 2700 = 110430 \; €$$

$$Neuer \; Umsatz = 45,90€ \times 2400 = 110160 \; €$$

Das ergibt einen Verlust von 270€ im Monat bei 300 Mitgliedern weniger.

1.2   Preisbildung

1.2.1   Anlässe der Preisbildung

Die X&Y Health GmbH, die sich momentan mit fünf Anlagen auf das südwestliche Bundesgebiet beschränkt, möchte weiter expandieren. Demnach handelt es sich hier um eine Markterschließung. Denn es erfolgt eine Erschließung des Marktes durch den Eintritt in ein neues Gebiet mit den vorhandenen Dienstleistungen und gleichem Standard (Meffert, Burmann, & Kirchgeorg, Marketing. Grundlagen marktorientierter Unternehmensführung Konzepte - Instrumente - Praxisbeispiele (Springer-Link: Bücher, 12., überarb. u. aktualisierte Aufl. 2014), 2015, S. 487-488).

Nimmt man sich die Produkt-Markt-Matrix nach Ansoff zur Hand ergibt sich eine Marktentwicklung. Eine bestehende Leistung wird in einen neuen Markt gebracht (Meffert, Burmann, & Kirchgeorg, Marketing. Grundlagen marktorientierter

Unternehmensführung Konzepte - Instrumente - Praxisbeispiele (Springer-Link: Bücher, 12., überarb. u. aktualisierte Aufl. 2014), 2015, S. 254).

1.2.2   Kostenorientierte Preisbildung

Kostenorientierte Preisbildungsverfahren orientieren sich an der betriebsindividuellen Kostensituation, um einen Preis zu ermitteln.

- variable Kosten: 8,50€ (netto)/Person
- fixe Kosten: 650.000€ (netto) pro Jahr
- erwarteter Absatz: 2.800 Mitgliedern

$$Stückkosten = k_v + \frac{k_f}{Menge} = 8,50€ + \frac{650.000€/12}{2.800}$$

$$Stückkosten = 8,50€ + 19,35€ = 27,84€$$

Weiterhin setzt die X&Y Health GmbH 15 % Gewinnzuschlag an:

$$Preis\ (+GA) = 27,84€/Stück \times 1,15 = 32,03€/Stück$$

$$Preis\ (+Brutto) = 32,03€/Stück \times 1,19 = 38,12€/Stück$$

Der endgültige Mitgliedsbeitrag (pro Monat) wäre damit 38,12€.

1.2.3   Konkurrenzorientierte Preisbildung

Bei dem konkurrenzorientierten Preisbildungsverfahren werden Preise an denen der Konkurrenz ausgerichtet. Das Ganze erfolgt unabhängig von der Kosten- und Nachfragesituation (Weis, 2012, S. 388).

Bei dem neuen Mitbewerber handelt es sich um die gleiche Positionierung, jedoch zeigt der kleinere Preis, dass hier über den Preis geworben wird. Mit dem um 10€ höheren Betrag strahlt die X&Y Health GmbH eine hochwertigere Qualität aus. Dies darf und soll sich auch durch den Preis deutlich machen. Mit einer USP (Unique Selling Proposition) differenzieren wir uns noch mehr vom Mitbewerber und werden uns so auf dem Markt behaupten.

2 Strategische Analysemethoden

2.1 Five-Forces-Modell

Tab. 1 Five-Forces-Modell nach Porter (Porter, 2000, S. 29)

Wettbewerbskraft	Aspekt Wettbewerbskraft
Lieferantenmacht (Zulieferer)	Es existieren keine Zulieferer. Freeletics ist die Größte Fitness Plattform in App-Form und Zulieferer gibt es nicht, da es sich um eine Software handelt die entwickelt wurde und nun nur noch gepflegt wird.
Bedrohung durch neue Anbieter (Potenzielle Mitbewerber)	Jeder kleine Entwickler kann sich an einen PC setzten und eine neue Fitness-App entwickeln mit dem entsprechenden Knowhow. Deshalb ist die Bedrohung durch neue Anbieter extrem hoch.
Abnehmerstärke (Kunden)	Die Abnehmerstärke und somit die Verhandlungsstärke der Kunden wird immer größer, denn die Digitalisierung schreitet mit großen Schritten nach vorne und immer mehr gleichwertige Produkte kommen auf den Markt. Somit hat der Kunde eine immer größere Auswahl und damit nimmt immer mehr die Verhandlungsstärke zu.
Substitutionsgefahr/Bedrohung durch Ersatzprodukte	Die App ist sozusagen ein selbst ein Ersatzprodukt für ein Fitnessstudio. Somit kann man als Bedrohung durch ein Ersatzprodukt wieder den Schritt zurückgehen und hier die Fitnessstudios in Erwägung ziehen. Durch Betreuung an der reellen Person und die Nähe und Persönlichkeit zum Kunden besteht hier tatsächlich eine Gefahr.
Rivalität (Mitbewerber)	Es gibt schon viele alternativen auf dem Markt (Runtastic Results, Madbarz, Workout Trainer by Skimble, usw.). Freeletics hat es bis jetzt geschafft an der Spitze zu bleiben, was aber mit der Zeit immer schwieriger wird.

2.2 Durchführung einer SWOT-Analyse

Der Begriff „SWOT" steht für Strength (Stärken), Weaknesses (Schwächen), Opportunities (Chancen) und Threats (Risiken) (Kotler, Keller, & Opresnik, 2015, S. 62-63).

Tab. 2 SWOT-Analyse Freeletics (Siegfried, 2017, S. 184-189)

Strength (Stärken)	<ul><li>Ausgeprägtes Know-How Sie sind weltweiter Pionier in der digitalen Fitnessbranche.</li><li>Weltweites Vertriebsnetz Durch die online Präsenz auf der ganzen Welt vertreten.</li><li>Positives Branchenwachstum Die Digitalisierung schreitet immer weiter Voran.</li><li>Breiter Zielmarkt Jeder der ein Handy oder Pc hat entspricht der Zielgruppe.</li></ul>
Weaknesses (Schwächen)	<ul><li>Ausschließlich auf den Online-Markt spezialisiert</li><li>Begrenztes Produktangebot</li><li>Emotionaler Erlebniswert nicht vorhanden</li></ul>
Opportunities (Chancen)	<ul><li>Digitalisierung ist im Trend Man möchte sich körperlich betätigen ohne eine Bindung durch Zeit oder Ort.</li></ul>
Threats (Risiken)	<ul><li>Konkurrenzdruck sehr hoch</li><li>Präventionsgesetz nur für stationäre Anbieter</li><li>Keine Zusatzverkäufe</li><li>Qualitätsdruck hoch</li></ul>

2.3 Erstellung einer SWOT-Matrix

Tab. 3 SWOT-Matrix (Meffert, Burmann, & Kirchgeorg, 2000)

SWOT-Matrix		Externe Analyse	
		Chancen (Opportunities)	Risiken (Threats)
Interne Analyse	**Stärken** (Strengths)	**SO-Strategien** Spezifische Kompetenzen des Unternehmens treffen genau die Entwicklung und die Anforderungen des Marktes *(Strategisches Fenster)*	**ST-Strategien** Nutzung der Unternehmensstärken um mögliche Bedrohungen abzuwenden *(Neutralisierung)*
	Schwächen (Weaknesses)	**WO-Strategien** Chancen können nicht genutzt werden, weil sie den durch die Ressourcen abgesteckten Rahmen übersteigen oder mit dem Ressourcenprofil nicht vereinbar sind. Ziel: Abbau ausgewählter Schwächen, um Chancen wahrnehmen zu können *(Umwandlung)*	**WT-Strategien** Entwicklung von Strategien um bestehende Risiken aufgrund vorhandener Schwächen nicht zu Bedrohung werden zu lassen. *(Verteidigung)*

Tab. 4 SWOT-Matrix mit Strategien für Freeletics

SWOT-Matrix		Externe Analyse	
		Chancen (**O**pportunities)	Risiken (**T**hreats)
Interne Analyse	**Stärken** (**S**trengths)	**SO-Strategien** • Durch den Trend der Digitalisierung und der Tatsache, dass Freeletics Pionier in diesem Bereich ist muss die Strategie sein sich genau auf diesem Weg weiter zu begeben. •	**ST-Strategien** • Know-How benutzen um die Konkurrenz klein zu halten und wenn möglich auch ganz aus dem Bereich zu drängen •
	Schwächen (**W**eaknesses)	**WO-Strategien** • Den emotionalen Erlebniswert einführen. Belohnungen oder Urkunden für bestandene Trainings oder sogar Live-Video-Chat mit mehreren Teilnehmern. •	**WT-Strategien** • Produktangebot erweitern um auch Zusatzverkäufe zu haben. So könnte man z.B. eine Kooperation mit einem Eiweiß Hersteller eingehen, der dann monatlich in Form eines Abos Eiweißpackungen nach Hause liefert. •

2.4 BCG-Portfolio und Produktlebenszyklus

Bei dem Portfolio der Boston Consulting Group (BCG) handelt es sich um eine Vier-Felder-Matrix, in welche die SGE je nach relativem Marktanteil und Marktwachstum eingeordnet werden (Weis, 2012, S. 135 ff.)

Anm. der Red:: Diese Abb. wurde aus urheberrechtlichen Gründen entfernt.

Abb. 1 Marktanteils-Marktwachstums-Portfolio (© BSA/DHfPG)

3 Corporate Identity

3.1 Interview-Analyse

3.1.1 Sechs Anzeichen für eine Überarbeitung der Corporate Identity bei Kieser Training

I. Es wurde ein neuer Leitsatz abgeleitet: «Ja zu einem starken Körper.»

II. Gelb ganz aus dem Logo herausgenommen, stattdessen jetzt arbeiten sie jetzt mit Blau.

III. Neben Print-Medien und Online-Medien werden jetzt neu auch die Sozialen Medien genutzt.

IV. Ein geplantes Ziel, 30 bis 50-Jährige mit neuer Anpassung zu erreichen.

V. Das Angebot wird klar kommuniziert, was es beinhaltet und was der Kunde auch wirklich erhält.

VI. Kieser ist extrem fokussiert. Wenn es wirkt, ist es gut. Wenn es nicht wirkt, brauchen wir es nicht.

3.1.2 Gründe für eine neue Ausrichtung der Corporate Identity

Tab. 5 Gründe der neuen Ausrichtung von Kieser

Gleichstellung mit Billiganbietern	Es wurde analysiert, dass die Corporate Identity mit dem Grau und Gelb ein bisschen veraltet wirkt. Im deutschen Markt wird die Farbe Gelb auch stark mit einem bekannten Discounter identifiziert. Damit wurde auf McFit angespielt. Da diese aber eine ganz andere Positionierung haben muss man sich von ihnen Abgrenzen um nicht dem Übertragungseffekt zu unterliegen.
Falsche Zielgruppe	Kieser ist bekannt bei der „alten Generation". Bei Menschen zwischen 50 bis 70 Jahren ist Kieser sehr bekannt. Allerdings möchte man auch die 30 bis 50-jährigen als Kunden gewinnen. Das ganze Konzept soll demnach moderner werden.

Marke visuell modernisieren	Das ganze Design war veraltet, bzw. hat so gewirkt. Durch die Digitalisierung muss man auch zeigen, dass man sich weiterentwickelt. Design und Stil muss moderner werden und sich dem gängigen Design das heute in Gebrauch ist anpassen.
Nischenstrategie aufbessern	Die Positionierung muss klarer werden. Die Medizinische Ausrichtung soll klar und verständlich Kommuniziert werden. Denn wenn das ganze unreflektiert unter der Fitness-Szene summiert wird, sieht man Kieser als ein unattraktives Studio, das mehr kostet und dafür weniger bietet. Der Satz: „Ich gehe nie in einen Fitnessclub. Ich gehe zu Kieser" sollte von allen benutzt werden.

3.1.3 Weitere Unternehmen bzw. Marken, die eine derartige Veränderung vorgenommen haben

3.1.3.1 Vodafone

2013 änderte Vodafone ihre Logo von einer roten Box zum „Rhombus" (gleichbedeutend mit Raute). „Die neue CI macht uns bei der Gestaltung von Kampagnen wesentlich flexibler. Dieses Element vermittelt Dynamik und Kraft und bietet zudem eine starke grafische Fläche, die sich auf allen Kanälen einsetzen lässt" erläutert Greogor Gründgens, Director Brand Marketing von Vodafone Deutschland (Thilo, 2013).

Das alte Logo wurde somit visuell erneuert.

3.1.3.2 Audi

Gemeinsam mit „KMS Team und Blackspace" und „Strichpunkt" hat Audi die CI überarbeitet.

Strichpunkt hat sich mit dem digitalen Part auseinandergesetzt und KMS Team und Blackspace hat sich um die klassischen Gestaltungsprinzipien Farbe, Typografie und Bildsprache gekümmert. Eine Grenze bleibt aber bestehen: Don't play with the rings. Also die berühmten Audi Ringe sollen bleiben.

Silber soll nicht mehr alles bestimmen und das Logo soll sich mehr einfügen. (Müller, 2016)

3.1.3.3 Bahlsen

Das Logo wurde auf das wesentliche reduziert und soll in Zukunft ohne einen historischen Markenzusatz auskommen. Die Unterschrift des Gründers von 1889 soll dabei erhalten bleiben, aber ohne weitere, schmückende Elemente. Die Farben sind jetzt Blau und Weiß und es gibt noch ein weiteres Gestaltungselement in Form eines Keks. (Schobelt, 2016)

3.1.3.4 Thyssenkrupp

Nach 6 Jahren wurde entschlossen das Logo neu zu designen. Dazu kommt noch ein neuer Slogan: „engineering.tomorrow.together." Denn ab sofort wird das Unternehmen als geschlossene Dachmarke auftreten. Als Herzstück gilt das Markenversprechen, weil es den Kunden in den Mittelpunkt stellt. (Schaffrinna, 2015)

3.2 Marktstrategien

3.2.1 Marktbearbeitungsstrategie Wettbewerbsstrategie Kieser Training

3.2.1.1 Marktbearbeitungsstrategie

Kieser Training betreibt eine Marktbearbeitungsstrategie der Produktspezialisierung. Sie haben einen Standard ihrer Dienstleistung der überall gleich ist. Hauptaugenmerk wird dabei auf Fitnesstraining gelegt. Das Produkt wird dabei mehreren Kundengruppen angeboten und somit entsteht eine breite Kundenschicht.

3.2.1.2 Wettbewerbsstrategie

Kieser Training betreibt eine Differenzierungsstrategie mit einer Nischenorientierung. Sie haben sich auf eine Nische spezialisiert als Premium Studio mit medizinischem Training. Sie versprechen eine hohewertige Leistung aber auch zu einem hohen Preis.

3.2.2 Produkt-Markt-Matrix nach Ansoff

3.2.2.1 Marktdurchdringung

Die Zielgruppe wurde erweitert mit dem bestehenden Produkt. Somit versucht man den Marktanteil zu vergrößern. Das Ganze wird noch unterstützt durch das Franchising-Prinzip.

3.2.2.2 Produktinnovation

Es werden stetig neue Maschinen bzw. Geräte entwickelt um das Fitnesstraining im medizinischen Sinne noch besser zu machen.

4 Digitalisierung in der Fitness- und Gesundheitsbranche

4.1 Vorschläge

- Betreuungssystem digitalisieren

  Damit alle Kunden optimal betreut werden kann man sich eine Software zulegen, die inspiziert welche Mitglieder schon länger nicht da waren und diese Daten gezielt an den Trainer weitergibt. Oder sich sogar direkt per Email oder SMS an den Kunden wendet und diesen auf ein Training einlädt.

- Digitale Trainingsgeräte

  Ob mit milon oder dem eGym Zirkelsystem, überall wird das Training leichter gestaltet. Denn hier lässt sich das Gerät in kurzer Zeit auf den Kunden einstellen und man kann jederzeit eine Auswertung der Daten starten. Genauso wird auch verhindert, dass Fehler entstehen beim selber einstellen der Geräte. Und somit bewirkt es ein effektiveres und sicheres Training.

- WLAN im Studio

  Durch frei verfügbares WLAN wird Training attraktiver, da meistens Musik zum Training gehört und mittlerweile viel davon über Streaming Anbieter gehört wird. Zum anderen kann man einrichten, dass man sich mit Facebook einloggt und somit auch postet, dass man gerade trainiert, bzw. man sich im Fitnessstudio aufhält. So werden auch Freunde des Mitglieds auf das Studio aufmerksam.

- App fürs Studio

  Eine eigene App bringt den Vorteil, dass die Kunden z.B. ihren Trainingsplan immer bei sich haben und auch Fortschritte dokumentieren können. Somit kann dann auch der Trainer sehen wie das Training abläuft und wie es mit den Fortschritten aussieht. Des Weiteren kann so auch Organisatorisches erledigt werden wie Kursbuchungen oder die Newsletter. Ganz direkt auch Push-Notifications direkt aufs Handy gesendet und somit in das Blickfeld des Mitglieds.

4.2 Risiken

- Datenschutz

  Durch die Abgabe der Daten um im Betreuungssystem erfasst zu werden ist das Thema Datenschutz immer zu berücksichtigen. Denn mit der Digitalisierung kommt es immer öfter zu Meldungen über Datenmissbrauch.

Die Daten müssten somit sicher aufbewahrt und gewährleistet werden, dass die Daten ausschließlich für die vom Studio gebrauchten Zwecke benutzt und nicht an dritte weitergegeben werden.

- Trainer wird nicht mehr gebraucht

  Durch die digitale Betreuung kann der Eindruck entstehen, dass der Trainer immer weniger Wert wird.

  Das persönliche muss hier in den Vordergrund geschoben werden, da dass nie von Maschinen übernommen werden kann. So sollte der Trainer immer freundlich und hilfsbereit für die Mitglieder da sein und sich aber auch gleichzeitig weiterentwickeln.

- Online Fitnessstudio

  Es gibt viele online Fitnessstudios und auch verschiedene Apps, die versuchen normal Fitnessstudios zu ersetzen.

  Da auch hier vorgeschlagen wurde eine eigene App fürs Studio zu erstellen kann man dem ein wenig entgegenwirken, da es sich hier um eine Kombination handelt. So bekommt man digitalisiert alles was man braucht aber auch Hilfe und Kompetenz im persönlichen Gespräch mit dem Trainer.

- Missbrauch von Internetzugang

  Mit der heutigen Geschwindigkeit des Internets können mittlerweile Filme sowie Musik illegal aus dem Netz geladen werden. Mit dem freien WLAN fällt dann alles aufs Studio zurück.

  Somit muss sich abgesichert werden, was aber gut gelöst werden kann durch eine Email Anmeldung oder eben durch Facebook. Um so im Falle einer Straftat auch aufzeigen zu können wer zu belangen ist.

5 Literaturverzeichnis

Kotler, P., Keller, K., & Opresnik, M. (2015). *Marketing-Management. Konzepte - Instrumente- Unternehmensfallstudien (Pearson Studium - Economic BWL, 14., aktualisierte Auflage).* Hallbergmoos: Pearson.

Meffert, H., Burmann, C., & Kirchgeorg, M. (2000). *Marketing. Grundlagen martorientierter Unternehmensführung; Konzepte - Instrumente - Praxisbeispiele (Meffert-Marketing-Edition, 9. Auflage).* Wiesbaden: Gabler.

Meffert, H., Burmann, C., & Kirchgeorg, M. (2015). *Marketing. Grundlagen marktorientierter Unternehmensführung Konzepte - Instrumente - Praxisbeispiele (Springer-Link: Bücher, 12., überarb. u. aktualisierte Aufl. 2014).* Wiesbaden: Springer Gabler.

Müller, C. (12. September 2016). *W&V.* Abgerufen am 18. März 2018 von https://www.wuv.de/marketing/neue_corporate_identity_audi_startet_offenes_m arkenportal

Porter, M. (2000). *Wettbewerbsvorteile. Spitzenleistungen erreichen und behaupten.* Frankfurt: Campus-Verlag.

Schaffrinna, A. (19. November 2015). *Design Tagebuch.* Abgerufen am 20. März 2018 von https://www.designtagebuch.de/neuer-markenauftritt-fuer-thyssenkrupp/

Schobelt, F. (12. Februar 2016). *W&V.* Abgerufen am 18. März 2018 von https://www.wuv.de/marketing/das_neue_corporate_design_von_bahlsen

Siegfried, P. (2017). *Erfolgreiche Strat-ups* (Bd. 3). Mannheim: AVM - Akademische Verlagsgemeinschaft München.

Thilo. (17. September 2013). *Materna newmedia.* Abgerufen am 18. März 2018 von http://www.materna-newmedia.de/blog/digital-business/safe-and-sound-vodafone-sagt-hello-rhombus/

Weis, H. (2012). *Marketing (11., überarbeitete und aktualisierte Aufl.).* Herne, Westfahlen: NWB Verlag.

6　Abbildungs- und Tabellenverzeichnis

6.1　Abbildungsverzeichnis

6.2　Tabellenverzeichnis